# OSTWALD

## ANCIEN ET MODERNE,

### LE METTRAY D'ALSACE.

Extrait de la Revue d'Alsace.

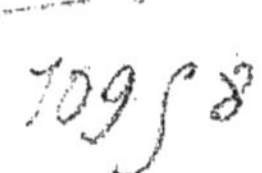

A sept kilomètres environ au Sud de Strasbourg, dans le canton et à peu de distance de Geispolsheim, s'élève le modeste clocher d'Ostwald qui, de loin, semble une humble bouture sortie de terre au pied du gigantesque Münster dont la masse imposante et la flèche découpée à jour dominent toute la contrée d'alentour.

Cette localité a plusieurs fois changé de nom ; au xi<sup>e</sup> siècle, elle figure sous la dénomination de *Wickersheim*, dans une charte de Henri iv roi de Germanie qui donne à l'abbaye de Seltz deux *manses* sises sur son territoire ; au xiii<sup>e</sup>, c'était une seigneurie défendue par un château fort, car le *Livre Salique* de la cathédrale de Strasbourg nous apprend qu'en 1226 le roi Henri, fils de l'empereur Fréderic ii engagea à l'évêque Berthold i *le château de Wickersheim et toutes ses dépendances* ; vingt ans après, l'évêque Henri de Stahelecke est mentionné, dans la *chronique de Kœnigshoven*, comme ayant pris et démantelé les deux châteaux d'*Illwickersheim* et de Kronemberg ; ce nom d'Illwickersheim n'est qu'une indication géographique ; nous dirions, en français : Wickersheim *sur Ill*, la commune étant traversée par cette rivière qui donne également son nom à une localité voisine : *Illkirch*.

Il est probable que l'évêque batailleur (*Kriegete Bishof*, dit la chronique) n'avait pas complètement détruit les deux forteresses conquises par ses armes, et que leur garnison pillait et inquiétait les environs de Strasbourg, car cette même année (1246) l'anti-César Henri, que les princes d'Allemagne opposaient à Frédéric ɪɪ , écrit au Magistrat de cette ville que , pour délivrer le pays de ce voisinage incommode , il a ordonné la destruction complète *(penitus destruendum)* du *Burg* de Wickersheim.

Mais bientôt l'affluence des pèlerins attirés par une fontaine miraculeuse dédiée au bienheureux Ostwald, ayant considérablement augmenté l'importance du village , celui-ci prit le nom de *Saint-Ostwald*; plus tard , au xvɪᵉ siècle , la majorité de ses habitants ayant embrassé la Réforme qui n'admet pas le culte des Saints , les nouveaux dissidents appliquèrent l'exclusion à leur ancien patron comme aux autres et leur commune s'appela simplement : Ostwald. En 1688 , si l'on en croit Schœpflin , les hommes de ce village revinrent au catholicisme , mais les femmes refusèrent d'imiter leur exemple ; il faut supposer que le sexe récalcitrant ne persévera pas dans sa résistance , car en 1851 , la population de cette commune évaluée à 960 habitants se répartissait ainsi : 915 catholiques , 44 protestants , 1 réformé ; toutefois et malgré son retour presque complet au culte de ses pères , la commune continua de s'appeler Ostwald.

Une partie de son territoire fut pendant des siècles occupée par une vaste forêt au sol marécageux, qui donna naissance à de longues contestations entre la commune d'Ostwald et la ville de Strasbourg ; celle-ci, par la solution définitive du litige, devint propriétaire incontesté d'une superficie d'environ cent hectares. Ce terrain , dépouillé de ses arbres , demeura longtemps improductif ; mais, vers le milieu du dernier règne, M. Schützenberger , maire de Strasbourg , soumit au conseil municipal de cette ville qui l'adopta à l'unanimité, la proposition de créer à Ostwald une colonie agricole pour les mendiants valides ; en 1857 , le mauvais état sanitaire de la prison de Strasbourg motiva le placement à la nouvelle colonie , de quelques jeunes détenus , et , plus tard elle fut exclusivement affectée aux enfants abandonnés ou frappés par la justice [1].

Malgré de louables efforts les résultats furent, pendant plusieurs années , peu satisfaisants ; la nature palustre du terrain en rendait le séjour insalubre , la surveillance et l'éducation morale des colons laissaient beaucoup à désirer ; il s'ensuivait des cas nombreux de maladie et de décès, des évasions et des récidives plus nombreuses encore ; aussi le bruit public toujours porté à l'exagération , ne tarda-t-il pas

---

[1] *Rapport de M. le maire de Strasbourg sur la colonie d'Ostwald*, 1858, p. 13

à répéter et répète-t-il tous les jours que Ostwald est insalubre et qu'il n'en sort que de mauvais sujets. A aucune époque cela n'a été rigoureusement exact ; mais aujourd'hui ces reproches sont moins fondés que jamais.

Malheureusement cette création, bien qu'essentiellement alsacienne, est peu connue en Alsace, surtout dans le Haut-Rhin ; située aux portes, mais en amont de Strasbourg, on ne s'y arrête guère ; tout au plus, quand leur regard se porte sur ses bâtiments qui bordent presque le chemin de fer, les voyageurs se disent entr'eux, ou à l'étranger qui les interroge : « c'est la colonie d'Ostwald, où l'on envoie les petits vagabonds. »

En vérité, elle mérite mieux que cela, et ceux qui s'y arrêteraient entre deux convois, ou qui se feraient envoyer de Strasbourg une voiture de place qui, leur visite terminée, les conduirait en ville dans l'espace d'une demie heure, ne regretteraient ni la modique somme de cinq francs que cela leur coûterait, ni l'emploi de leur temps ; nous en avons fait l'expérience, et peut-être le résultat de nos observations inspirera-t-il à quelques-uns de nos lecteurs le désir de nous imiter ; peut-être alors verra-t-on se dissiper les préventions irréfléchies qui pèsent encore sur un établissement d'une utilité incontestable et dont la création fait honneur à la ville de Strasbourg.

Ainsi que nous l'avons indiqué plus haut, ces préventions sont de deux sortes : les unes portent sur l'état sanitaire, les autres sur l'état moral de la colonie.

Quand à l'état sanitaire, on est resté sous l'impression des épidémies de 1855 et 1856, et dans cette dernière année, le chiffre de 69 décès sur 354 colons, était bien fait pour effrayer ; mais il ne faut pas perdre de vue que ces deux années avaient été signalées par des pluies continuelles, et par des épidémies de même nature qui avaient éclaté dans divers établissement pénitentiaires ; à la prison de Strasbourg on avait constaté 63 décès, sur 580 détenus (plus de dix pour cent) ; la colonie de Petit-Bourg, située sur un riant coteau qui domine la Seine avait perdu 130 enfants sur 500 (plus de vingt-cinq pour cent) ! enfin Mettray lui-même qui, arrivé à la scizième année de son existence n'avait été éprouvé jusqu'alors par aucune épidémie, a compté, en 1856, d'assez nombreux cas de fièvre typhoïde ; laissons donc de côté, pour Ostwald, cette période tristement exceptionnelle, et prenons les deux années qui l'ont précédée et celle qui l'a suivie ; nous trouvons, pour un mouvement de

population de 759 individus : 25 décès seulement (environ 3 pour cent)
ce qui n'a rien d'anormal, surtout lorsque l'on considère que la plupart de ces enfants, nés de parents qui ont vécu dans le désordre,
ayant eux-mêmes passé leurs premières années dans des habitations
fétides, ne recevant qu'une nourriture souvent insuffisante et parfois
malsaine, sont en général, d'une constitution débile ou maladive.
Ajoutons que, dans ces dernière années, des travaux de drainage, de
nivellement, d'assainissement, ont été pratiqués sur une grande échelle
dans le domaine de la colonie, et que la principale cause d'insalubrité,
résultant des émanations paludéennes, a presque complètement disparu ;
aussi, la dernière fois que nous avons visité l'établissement, n'y avait-il,
à l'infirmerie, que 4 enfants sur 183.

En 1855, il avait été question de supprimer Ostwald ; mais avant de
s'y résoudre, l'administration municipale se mit en rapport avec
M. de Metz, conseiller honoraire à la cour impériale de Paris et bien
connu dans les annales de la charité, comme créateur et directeur
de Mettray ; celui-ci s'empressa d'offrir à la ville de Strasbourg le zèle
et l'expérience d'un de ses meilleurs auxiliaires, M. Guimas, qui, de
son côté, en présence d'une œuvre utile à compléter n'hésita pas à se
séparer de ses collègues, de ses amis de Touraine. Pendant près de
trois ans, de 1847, à 1850, nous avons vu M. Guimas à l'œuvre, à
Mettray, et nous blesserions sa modestie si nous exprimions ici tout le
bien que nous pensons de lui ; qu'il nous suffise d'affirmer, sans crainte
d'être démenti par personne, qu'en Alsace comme en Touraine il s'est
montré à la hauteur de sa tâche et qu'il a reçu, à cet égard, de
M. le Maire de Strasbourg, le témoignage public qui lui était dû [1].

C'est surtout grâce aux efforts constants et intelligents de l'administration municipale, mais c'est en grande partie grâce au concours actif et
dévoué de son directeur et des autres employés de l'établissement, que
l'amélioration matérielle et morale d'Ostwald a fait, dans ces dernières
années, des progrès constatés par des documents officiels et que nous
allons rapidement passer en revue.

En général, lorsqu'il s'agit d'une œuvre de ce genre, la première
question que font les économistes, est celle-ci : « Combien cela coûte-
t-il ? » et beaucoup de gens, fort estimables du reste, attaquent Mettray,
depuis sa création, avec ces quatre seuls mots : « Mettray coûte trop

[1] *Rapport du maire de Strasbourg*, 1857, page 24.

cher. » Nous avons réfuté ailleurs cette accusation ; mais ici, à Ostwald, nous n'avons rien à réfuter quant à la question financière ; *Ostwald rapporte plus qu'il ne coûte.*

Une superficie d'environ 74 hectares, est exploitée en cultures diverses et a donné, en 1861, un revenu de 41,585 fr. 34 c., soit une moyenne de 430 fr. l'hectare ; depuis 1855, les revenus annuels on! augmenté de 10,000 fr., et la valeur du fonds a, nécessairement, gagné dans la même proportion.

La pension de 70 centimes par jour que paie l'Etat pour chaque jeune détenu, et le département pour chaque orphelin, couvre la dépense personnelle des uns et des autres (en y comprenant même les frais généraux) ; l'établissement, c'est-à-dire la ville de Strasbourg, bénéficie de leur travail évalué à environ 20 centimes par jour et par tête. C'est un revenu modique ; mais un bénéfice si minime qu'il soit, est presque un miracle lorsqu'il s'agit d'un établissement d'utilité publique et de bienfaisance.

En résumé, pour 1861, les recettes de toute nature se sont élevées à 64,944 fr. 38 c. et les dépenses à 60,956 fr. 68 c. ; ce qui donne un excédant de recettes de 3,987 fr. 70 c. ; à la fin de cette même année, l'inventaire général constatait une augmentation de 23,893 fr. 95 c. dans les valeurs mobilières et immobilières de l'établissement [1].

A coup sûr, les économistes les plus rigoureux ne pourraient que se féliciter de pareils résultats ; avec un personnel de 225 élèves, (la population normale que comporte la colonie serait de 250) on arriverait à 75,315 fr. de recettes contre 70,000 fr. de dépenses. On a souvent dit : « Il ne faut pas confondre une bonne œuvre avec une bonne affaire ; » en créant et soutenant Ostwald, la ville de Strasbourg a fait l'une et l'autre.

Il est aujourd'hui reconnu par les hommes impartiaux que tout établissement destiné à l'enfance pauvre, délinquante, ou abandonnée, doit se rappprocher autant que possible de l'organisation de Mettray ; la ville de Strasbourg l'a compris et n'a eu qu'à s'en féliciter.

Nous ne pouvons, à cet égard, entrer ici dans le détail complet de ce système ; nous nous bornerons à en rappeler les points fondamentaux.

Les créateurs de Mettray ont compris et prouvé qu'avec des enfants, et surtout des enfants français, si dégradés qu'ils fussent par la misère,

[1] *Rapport du maire de Strasbourg*, 1861, pages 16 et 17.

l'abandon et les mauvais exemples, rien n'était désespéré en s'adressant à leur cœur et à leur amour-propre ; sur ces pauvres êtres qui dès le berceau n'ont été le plus souvent, conduits qu'avec des injures et des coups, la douceur, une caresse, un mot d'encouragement, ont une énorme influence, habitués, résignés au mépris, leur faire comprendre qu'ils comptent encore pour quelque chose dans la société, c'est les aider puissamment à y reprendre leur place.

Aussi, loin de leur reprocher, de leur rappeler même, les délits pour lesquels ils ont été arrêtés, délits parfois bien légers, et souvent de pure convention (plus d'un tiers d'entr'eux ont été poursuivis uniquement pour *vagabondage* ou *mendicité*) on les engourage, on s'efforce de les relever à leurs propres yeux par des paroles bienveillantes dont le sens est à peu près celui-ci : « Vous n'êtes pas des criminels, vous n'êtes pas même des condamnés ; malgré des fautes qu'il ne tient qu'à vous de faire oublier, vous appartenez encore à la société qui vous place ici moins pour y être détenus que pour y être élevés, *vous n'êtes pas en prison* [1]; le plus souvent, au contraire, vous travaillerez en plein air, en plein soleil, et ceux d'entre vous qui se conduiront bien, pourront, à leur sortie, devenir de braves soldats, de bons ouvriers, d'honnêtes laboureurs, et se créer un bien-être proportionné à leur condition. »

A Ostwald, comme à Mettray, ces paroles sont comprises, et il en résulte une émulation dont on verra plus loin les résultats. A Mettray, les colons sont divisés par *familles* ; la famille se compose de 40 enfants qui occupent la même maison, 20 à chaque étage, sous la surveillance de deux *frères aînés*, choisis, *élus* par les colons eux-mêmes, parmi les mieux notés d'entr'eux ; un chef de famille adulte dirige la maison ; il n'y a ni réfectoire, ni dortoir général ; chaque chambre de vingt se transforme successivement en réfectoire et en dortoir, grâce à un ingénieux système de tables à charnières se relevant le soir, et de hamacs se repliant, le matin, le long des murs.

Lorsqu'un enfant est resté *trois mois* sans punition, il est inscrit sur le *tableau d'honneur*, qui est appendu dans la salle commune où se tiennent l'école, les instructions religieuses et la conférence hebdomadaire. A la moindre faute il en est rayé. Ceux qui sont sur le

[1] A Ostwald, comme à Mettray, il n'y a pas de clôtures extérieures.

tableau d'honneur peuvent, seuls, être choisis comme frères aînés, par leurs camarades.

Mais ce n'était pas assez, pour les hommes éminents qui ont créé Mettray, d'introduire parmi ces enfants l'émulation *individuelle* ; l'un d'eux avait été militaire [1] ; il voulut tenter sur les colons l'essai de l'émulation collective, de la solidarité, de *l'esprit de corps.* Chaque famille a un guidon, porté par l'un des frères aînés ; la colonie eut un drapeau, et l'honneur de le porter fut auttribué au frère aîné *de la famille dont les membres auraient eu le moins de punitions pendant la semaine.* Cette petite chose a produit des résultats inespérés : quand arrivent les deux derniers jours de la semaine, les familles qui sont le mieux notées rivalisent entr'elles pour mériter le drapeau d'honneur et, dans chacune d'elles, les colons exercent les uns sur les autres un contrôle qu'exercerait difficilement au même degré le surveillant le plus zélé. Dès que l'un d'eux, par un mouvement de légèreté, d'insubordination, d'insolence, risque de s'exposer à une punition, son voisin lui dit, avec un acceut de reproche qui n'est pas exempt de menace : « Et le drapeau ? » Presque toujours ce *rappel à l'ordre* suffit pour que l'imprudent ne se fasse pas punir.

Enfin, une autre chose dont on a obtenu d'excellents résultats, c'est la musique ; les heures, les évolutions, les travaux, les exercices de toute sorte sont annoncés par le son du clairon ; de plus, les enfants qui ont quelques dispositions naturelles sont exercés, pendant les récréations, à l'étude d'un instrument, et leur réunion forme un peloton de musique militaire qui ferait envie à plus d'une commune rurale ; les colons qui en font partie emploient leurs loisirs agréablement et *utilement,* car ceux d'entr'eux qui à leur sortie veulent s'engager, le font dans des conditions d'autant plus avantageuses qu'ils peuvent entrer dans la musique régimentaire ; ceux qui restant dans la vie civile se placent dans les campagnes, se rendent utiles, le dimanche, au lutrin de leur paroisse, et les jours de fête patronale, dans les orchestres des villages.

Toutes ces améliorations empruntées à Mettray ont été introduites à Ostwald avec de légères modifications ; la disposition des lieux ne permettait pas les sections de famille de 20 enfants, on les remplacées par des *pelotons,* de 60 ; chaque peloton, au lieu de 2 frères aînés, a 3

---

[1] M. de Bretignière, de Courteilles, enlevé à la colonie par une mort prématurée.

caporaux choisis , sur le tableau d'honneur , *par le Directeur* ; à l'époque où M. Guimas a été placé à la tête de l'établissement , l'état intellectuel et moral de la colonie , et le relâchement de la discipline ne permettaient pas de tenter l'épreuve de l'élection ; cette marque de confiance qui relève les enfants à leurs propres yeux a parfaitement réussi à Mettray ; peut-être , un jour , pourra-t-on en faire l'essai à Ostwald ; mais le moment n'est pas encore venu.

Outre l'inscription au tableau , et les galons de caporal , les enfants peuvent obtenir , comme récompense : 1° certains services de confiance (c'est quelquefois un surcroit de travail , mais ils sont fiers d'en être chargés) ; 2° une distribution d'objets de mince valeur pouvant leur plaire , selon leur âge ; 3ᵉ une rétribution mensuelle en argent aux trois premiers de chaque section de travailleurs ; 4° enfin la permission de se servir d'une partie de leur masse pour l'achat de quelques menus objets tels que : portefeuille , couteau , porte-monnaie , etc.

Les punitions sont graduées de la manière suivante :

1° La réprimande en particulier ou en assemblée générale , selon la gravité de la faute ;

2° La retenue pendant la récréation ;

3° Le retrait de certains emplois de confiance ;

4° Le pain sec ;

5° La cellule claire ou obscure , quelquefois au pain et à l'eau.

Nous ne parlons pas de la perte des galons ni de la radiation du tableau , qui ne s'appliquent qu'à l'élite des colons.

Les chefs de peloton ou surveillants , les caporaux , et les chefs de sections de travailleurs peuvent proposer une punition , mais elle n'est prononcée que par le Directeur , sur un rapport verbal ou écrit ; au lieu de ces sentences trop souvent lancées , *ab i rato* , dans nos lycées et colléges : « 500 vers ! — 8 jours de retenue ! — un mois de privation de sortie ! » le colon qui est en faute est averti par son supérieur qu'il sera porté sur le tableau de punition ; avant que ce tableau n'arrive sous les yeux du Directeur , le chef a pu reconnaître que la faute n'est pas si grave qu'elle lui avait paru d'abord , l'enfant a pu se repentir , et le plus souvent , il en est quitte pour la réprimande en particulier ; si , au contraire , il s'agit d'une faute ayant quelque gravité , commise par un enfant sur qui les punitions ordinaires ont peu de prise , le Directeur lui inflige la cellule , mais il ne le condamne pas à 24 heures , à deux jours , à trois jours de cellule ; non ; cette fixité des peines

offre un trop grave inconvénient, appliquée à un enfant ; cela devient
un contrat entre son supérieur et lui ; ses 24 heures, ses deux, ses
trois jours achevés, il a subi sa peine, mais il n'a pas expié sa faute ;
qui dit expiation, dit repentir ; il peut n'en éprouver, ou n'en mani-
fester aucun et dire avec jactance: « J'ai fait mon temps, je suis quitte. »
Les fondateurs de Mettray et leurs imitateurs d'Ostwald n'ont pas laissé
un tel vice dans leur *code pénal* ; lorsque l'enfant entre en cellule,
*il ne sait pas pour combien de temps on l'y enferme*, mais il sait que,
dans tous les cas, il n'en sortira pas avant d'avoir manifesté le regret
de sa faute et l'intention de ne plus y retomber. En cellule, ils travaillent, ils sont visités par le directeur, l'aumônier, l'instituer et les
sœurs, mais ils n'ont ni le bruit ni le mouvement, ni le grand air,
aussi n'y restent-ils pas longtemps ; à Ostwald, comme à Mettray, on
les entend souvent dire en sortant : « *je préférerais des coups*, mais
la cellule me vaut mieux. » Car les enfants, même ceux là, apprécient
à merveille la punition qu'on leur inflige ; trop forte, elle les révolte et
leur inspire un ressentiment fâcheux ; trop douce, ils y voient une
preuve de faiblesse, et les faibles ont un profond mépris pour la faiblesse quand ils la rencontrent chez ceux qui devraient être forts. —
Dans nos familles, les parent n'y songent pas assez, mais à Mettray et
à Ostwald, on y songe, et c'est une des préoccupations les plus cons-
tantes de l'excellent M. Guimas, comme de son digne maître M. de Metz.

Le dimanche, on emploie une heure au nettoyage général de la
maison, des outils, et des effets d'habillement ; deux heures sont con-
sacrées à la messe et aux vêpres ; avant la messe, le Directeur passe
la revue des pelotons ; à l'issue de l'office, il y a réunion générale dans
la grande classe ; on y entend le compte rendu de la semaine, le Directeur inflige à qui de droit les récompenses et punitions et désigne
la famille qui a mérité le drapeau d'honneur ; après la séance, une
heure et demie de récréation, suivie d'exercices et évolutions militaire,
ou de la manœuvre des pompes à incendie à laquelle on exerce les colons
deux fois par mois ; l'après-midi, promenade militaire dans la cam-
pagne, musique en tête ; le soir, une heure d'instruction morale em-
ployée le plus ordinairement à des lectures et narrations de traits de
dévouement ou de courage [1].

Les enfants sont employés, surtout, à des travaux agricoles, dans

---

[1] Règlement de la colonie d'Ostwald.

les champs, dans le vaste potager de la colonie, ou dans la ferme qui compte: 18 chevaux, 34 bêtes à cornes, 15 à 20 porcs, et une nombreuse basse-cour ; cependant, 20 à 25 colons que leur âge, leur santé, ou leur constitution ne permettent pas d'utiliser aux travaux pénibles sont occupés dans des ateliers de tailleurs, charrons, forgerons, et boulangers, toutes professions qu'ils peuvent exercer utilement à leur sortie. Dans ces derniers temps, on y a joint, pour les plus jeunes, les convalescents et pour l'emploi des journées d'hiver, un atelier de chapeaux tressés.

Au mois de septembre 1863, le personnel libre de l'établissement se composait de 25 personnes :

MM. Guimas, *directeur*. — Apprederis, *aumônier*. — Goldsmith, *médecin*. — Gœpp, *économe et instituteur*. — Zeh, *instituteur-adjoint*. — Huber, *chef agronome*. — Danquins, *surveillant-chef*. — Quatre sœurs, (1 à la cuisine, 1 à l'infirmerie, 1 à la lingerie, 1 à la buanderie). — Quatre surveillants pour diriger les pelotons. — Deux valets de labour pour enseigner aux enfants le maniement de la charrue. — Deux *marcaires* pour les étables, — 1 laitier, — 1 commissionnaire, 1 chef charron, — 1 chef tailleur, — un chef taillandier-forgeron, — 1 maître boulanger.

Le personnel des colons se composait, à la même époque, de 183 enfants, âgés : 2, de 7 à 9 ans — 10, de 9 à 11 — 33, de 11 à 13 — 44, de 13 à 15 — 61, de 15 à 17 — 26, de 17 à 19 — 7, de 19 à 20. Sur ce nombre : 125 devaient sortir de 18 à 20 ans, 20 à 17, et 38 de 13 à 16 ans.

*Quatre-vingt-treize* de ces enfants figuraient au tableau d'honneur, étant restés *au moins trois mois sans punition* ; 93 sur 183, c'est-à-dire *plus de moitié* ! et sur ce nombre, 32 y figuraient de la huitième à la vingt-sixième fois, ce qui donne, pour les premiers, deux ans, et pour *le dernier* (nous devons avouer qu'il est le seul) *six ans et demi de conduite exemplaire*.

Un coup d'œil jeté sur l'état civil de ces pauvres enfants fera apprécier les enseignements qu'ils avaient pu recevoir dès le berceau : 6 étaient enfants des hospices, — 32 enfants naturels, — 25 orphelins de père et de mère, — 48 orphelins de père ou de mère, 72 seulement avaient leur père et mère.

Parmi les colons qui avaient encore leurs parents (père ou mère) on en comptait : 52 dont les parents étaient vagabonds ou mendiants, — 37 dont les parents étaient repris de justice, et 46 seulement dont les parents *vivaient de leur travail* ; mais bien souvent ces mots signifient simplement : ne pas mourir de faim. On peut donc dire que *pas un d'entr'eux* ne se trouvait dans les conditions normales d'une existence où celui qui faillit ne peut imputer sa faute qu'à lui-même.

Quant à la nature des infractions qui les avaient conduits devant les tribunaux, 2 avaient été poursuivis pour incendie, — 3 pour attentats aux mœurs, — 122 pour vols (la plupart vols de fruits, de friandises, ou d'objets de peu de valeur), — 56 pour vagabondage ou mendicité (conséquence de leur abandon).

Nous n'avons pas besoin de dire que, sauf de rares exceptions, ils n'avaient reçu aucune instruction primaire, morale, ni religieuse. Aujourd'hui, 38 savent lire, écrire et compter, — 75 savent lire et écrire, — 59 savent lire (en allemand et en français) ; — 11 seulement sont illettrés, mais, pour la plupart, ces derniers sont entrés récemment à la colonie et s'instruiront avant d'en sortir. Pendant l'année 1862, trente six ont fait leur première communion, et 102 l'ont renouvelée.

« Tout cela est très-bien, pourront dire quelques pessimistes, mais il est incontestable que la plupart des *récidivistes* alsaciens ont commencé par aller *en correction* à Ostwald, et qu'ils ne s'y sont pas corrigés. »

Nous le reconnaissons, et nous avons été frappé nous-même de ce fait qui nous avait inspiré une grande prévention contre Ostwald ; mais il faut distinger : ces récidivistes sont des adultes, presque tous libérés *avant 1856*, or, les vices que présentait alors la colonie ne sont contestés par personne, pas même par l'administration, qui a été sur le point de la fermer à cette époque. Ce que deviendront tous les colons *entrés depuis 1856* depuis qu'Ostwald a adopté le régime de Mettray, depuis que la ville de Strasbourg a fait de sages et généreux sacrifices pour cet utile établissement, c'est ce qu'on ne pourra complètement apprécier que dans quelques années. Mais tout porte à croire, d'après les résultats suivanst, que l'épreuve scra favorable à la colonie.

En effet depuis 1856, les évasions, si faciles dans un établissement ouvert de toutes parts et dont les habitants travaillent tout le jour en pleins champs, les évasions sont devenues fort rares ; depuis la même époque, il est sorti d'Ostwald 515 colons, dont une partie y avait séjourné pendant la période de relâchement ; 142 ont été placés dans un rayon assez rapproché, et se conduisent bien ; 325 sont restés en correspondance avec leurs anciens maîtres, et leurs anciens camarades ; *tous les dimanches quelques-uns d'entr'eux reviennent les visiter ;* de 151 on n'a eu de nouvelle ni en bien ni en mal, *trente-neuf seulement* ont été arrêtés de nouveau ; cela ne fait pas *huit pour cent.*

A Mettray, la proportion des récidives n'est que de *quatre pour cent ;* mais dix ans après la création de cet établissement, elle était encore de *huit ;* d'ailleurs, la différence fût-elle plus grande, cela tiendrait d'abord à la supériorité incontestable de Mettray sur tous les établissements du même genre et surtout au patronage de la *société paternelle ;* ce patronage n'existe pas pour les jeunes gens sortis d'Ostwald ; une société analogue à celle que nous venons de nommer, existe à Strasbourg, mais elle ne fonctionne encore que dans des limites très-restreintes ; il n'est pas douteux que si elle prend du développement, que si elle étend ses bienfaits aux jeunes libérés, elle arrivera à des résultats aussi satisfaisants que son aînée.

En attendant, et pour terminer, arrêtons-nous un instant sur ce chiffre des récidives constatées chez les enfants ou jeunes gens sortis d'Ostwald depuis 1856. Il est, avons-nous dit, d'environ huit pour cent. C'est un progrès énorme sur le passé, puisqu'il s'était élevé jusqu'à *près de vingt ;* mais, huit pour cent, c'est encore trop ; cependant, pour être juste, il faut considérer que ce chiffre est calculé sur la masse des colons, *sans distinction d'âge ;* si la moyenne était prise sur le nombre de ceux qui sortent entre 18 et 20 ans, elle serait beaucoup moindre ; on va le comprendre.

Un enfant de 10 à 12 ans qui a commis un délit, qui n'a pas de famille, ou dont la famille n'est pas digne de le conserver, si on lui applique *dans toute son étendue* (c'est à dessein que nous ne disons pas : *toute sa rigueur*) l'article 66 du code pénal, sortira à vingt ans, et alors même que son séjour à la colonie n'aurait pas produit chez lui une complète transformation, il aura beaucoup de chances pour ne pas retomber dans le mal ; d'abord, sa sortie coïncidera avec l'époque de la conscription ; s'il part pour l'armée, habitué à une vie réglée, à une discipline qui a quelque chose de militaire, il s'accoutumera sans peine à celle du régiment, et pourra faire un bon soldat ; un assez grand nombre de colons de Mettray sont devenus sous-officiers ; quelques-uns ont conquis l'épaulette ; il y en a même qui sont aujourd'hui *décorés de la légion d'honneur ;* il pourrait en être de même de ceux d'Ostwald, si un plus grande nombre d'entr'eux passaient directement de la colonie sous les drapeaux. Lorsqu'il ne tombe pas au sort, le colon peut s'engager avec prime ; enfin, détenu légalement jusqu'à 20 ans, il peut, s'il se conduit, bien être libéré à 18, à la condition de s'engager, ou sans condition, mais avec de grandes facilités pour se placer comme ouvrier agricole ; le préjugé qui confondait les colons avec les condamnés diminue tous les jours ; les cultivateurs des environs de Strasbourg, non-seulement acceptent, mais demandent souvent des colons sortant, *à la condition qu'ils aient au moins 18 ans*, et cette facilité de placement ne peut aller qu'en augmentant, si la colonie continue à marcher dans la voie d'amélioration où elle est entrée.

Mais lorsqu'un enfant de 10 à 12 ans est envoyé en correction jusqu'à 15 ou 16 ans seulement, il est livré à lui-même précisément à l'époque où l'on commencerait à lui confier des travaux qui l'intéresseraient et qui l'instruiraient ; il rentre dans la société, trop faible, physiquement, pour être accepté comme ouvrier agricole, trop faible moralement, pour résister aux mauvaises connaissances, et aux mauvaises passions ; il est abandonné à la corruption et aux tentations des villes, précisément dans les conditions qui l'ont fait faillir. Parmi les libérés de cet âge, ce n'est pas le nombre des récidives qui peut étonner, c'est plutôt le nombre de ceux qui ne retombent pas dans le mal [1].

Malheureusement il y a encore des tribunaux qui, en prononçant la détention correctionnelle de l'article 66, semblent se préoccuper de l'idée qu'ils appliquent une peine, et en proportionnent la durée à la gravité du fait incriminé ; c'est là, qu'il nous soit permis de le dire, une commisération mal entendue ; on la comprendrait si nous étions encore au temps où ces malheureux enfants étaient enfermés dans de véritables prisons, et employés, dix heures par jour, à tourner des bâtons de chaises ou à ajuster des queues de boutons ; mais aujourd'hui il n'y a plus guère de *jeunes détenus*, dans la rigueur du mot, que ceux qui sont en prévention ; dès que leur sort est définitivement fixé par une décision judiciaire, il sont envoyés soit dans des asiles privés comme Mettray, Ostwald, Sainte-Foix, et tant d'autres, soit dans les annexes agricoles que l'État lui-même a établies auprès de quelques-unes de ses

---

[1] Au moment où nous écrivons ces lignes, il y a à Ostwald quatre enfants détenus *jusqu'à 14 ans*, et un autre *jusqu'à 13 ans*. S'ils commettent une nouvelle faute à leur sortie, ce n'est pas, à coup sûr, le régime de la colonie qui sera responsable de ces récidives.

maisons centrales. Dans de telles conditions, les magistrats peuvent, sans crainte, laisser les jeunes délinquants sous la tutelle administrative jusqu'à 20 ans, ou tout au moins jusqu'à dix-huit; mais si leur conscience hésite devant la rigueur plus apparente que réelle d'une semblable décision, nous ne craignons pas d'affirmer, avec l'autorité des hommes les plus éminents et les plus compétents en cette matière, avec M. De Metz, avec M. Benjamin Delessert, avec Lord Brougham, qu'il vaut encore mieux, dans l'intérêt de la société comme dans celui de l'enfant, appliquer à celui-ci l'article 67 que de limiter à 15 ou 16 ans la correction édictée par l'article 66 [1].

Par l'article 67 le législateur *punit* d'une peine relativement légère un enfant *coupable*; par l'article 66, il *acquitte* celui qui a agi sans discernement, et ne le punit pas; toutes les fois que cela est possible l'enfant est rendu à sa famille; dans le cas contraire, l'Etat se substitue, temporairement à celle-ci; faire cesser sa tutelle lorsque le jeune délinquant atteint l'âge de 15 ou 16 ans, c'est la rendre illusoire; quand tous les tribunaux qui envoient leurs jeunes détenus à Ostwald seront convaincus de cette vérité, quand il ne sortira de la colonie que des jeunes gens de 18 à 20 ans, on verra, nous n'en doutons pas, la moyenne des récidives décroître encore dans une notable proportion.

Alors, mais seulement alors, Ostwald sera véritablement le Mettray de l'Alsace [2]; une belle chose, dans un beau pays.

PAUL HUOT,
Conseiller à la Cour impériale de Colmar.

[1] Pour les personnes étrangères à ces matières, nous donnons ici le texte des deux articles; — 66. « Lorsque l'accusé aura moins de 16 ans, s'il est décidé qu'il a agi sans discernement, il sera, selon les circonstances, *rendu à ses parens,* ou conduit dans une maison de correction *pour y être élevé* et détenu pendant tel nombre d'années que le jugement déterminera, et qui toutefois, ne pourra excéder l'époque *où il aura accompli sa vingtième année.* » — 67. « S'il est décidé qu'il a agi avec discernement, les peines seront prononcées ainsi qu'il suit : (Inutile d'en reproduire la longue énumération; il suffit de savoir que la peine est toujours inférieure à celle prononcée contre les adultes). »

[2] Le nom de Mettray a acquis une telle notoriété que nos voisins d'outre-Manche, qui n'avouent pas volontiers les emprunts qu'ils nous font, n'ont pas hésité, lorsqu'ils ont inauguré, en 1848, leur première colonie agricole et pénitentiaire pour l'enfance, à l'appeler : « *English Mettray.* »

Colmar, Imprimerie et Lithographie de Camille DECKER.